Los basquetbolis
Pueden saltar muy alto.

Los nadadores son especiales.
Pueden nadar muy rápido.

¿Qué pueden hacer los atletas?

por Michael Sandler

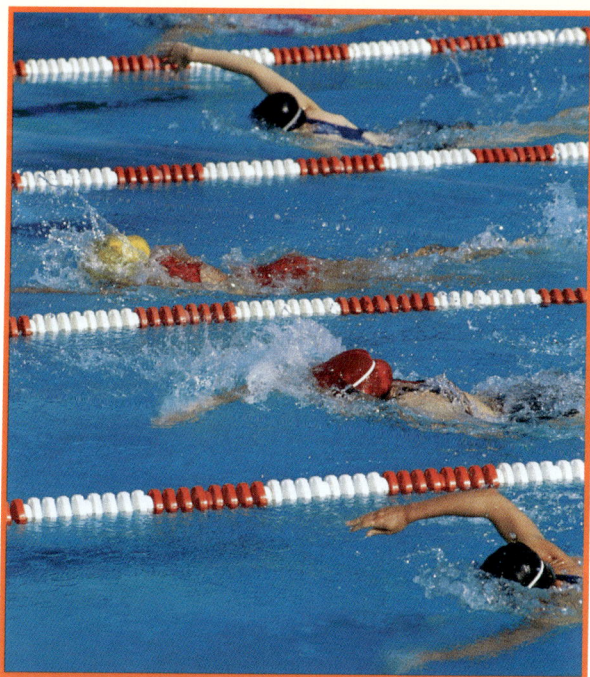

Scott Foresman
is an imprint of

PEARSON

Glenview, Illinois • Boston, Massachusetts • Chandler, Arizona
Upper Saddle River, New Jersey

Photographs

Every effort has been made to secure permission and provide appropriate credit for photographic material. The publisher deeply regrets any omission and pledges to correct errors called to its attention in subsequent editions.

Unless otherwise acknowledged, all photographs are the property of Pearson Education, Inc.

Photo locators denoted as follows: Top (T), Center (C), Bottom (B), Left (L), Right (R), Background (Bkgd)

Opener: Jupiter Images; **1** Jupiter Images; **3** Jupiter Images; **4** Jupiter Images; **5** Jupiter Images; **6** ©Soren Hald/Getty Images; **7** ©DK Images; **8** Jupiter Images.

ISBN 13: 978-0-328-47561-2
ISBN 10:   0-328-47561-0

2 3 4 5 6 7 8 9 10 V010 18 17 16 15 14 13 12 11 10

Los corredores son especiales.
Pueden correr muy rápido.
Pueden correr mucho tiempo
y muy lejos.

Los patinadores en hielo son especiales.

Pueden brincar.

Pueden dar giros.

Los tenistas son especiales.
Pueden golpear la pelota
con rapidez y fuerza.

Los futbolistas son especiales.
Pueden lanzar la pelota muy
lejos.
Pueden correr con rapidez.

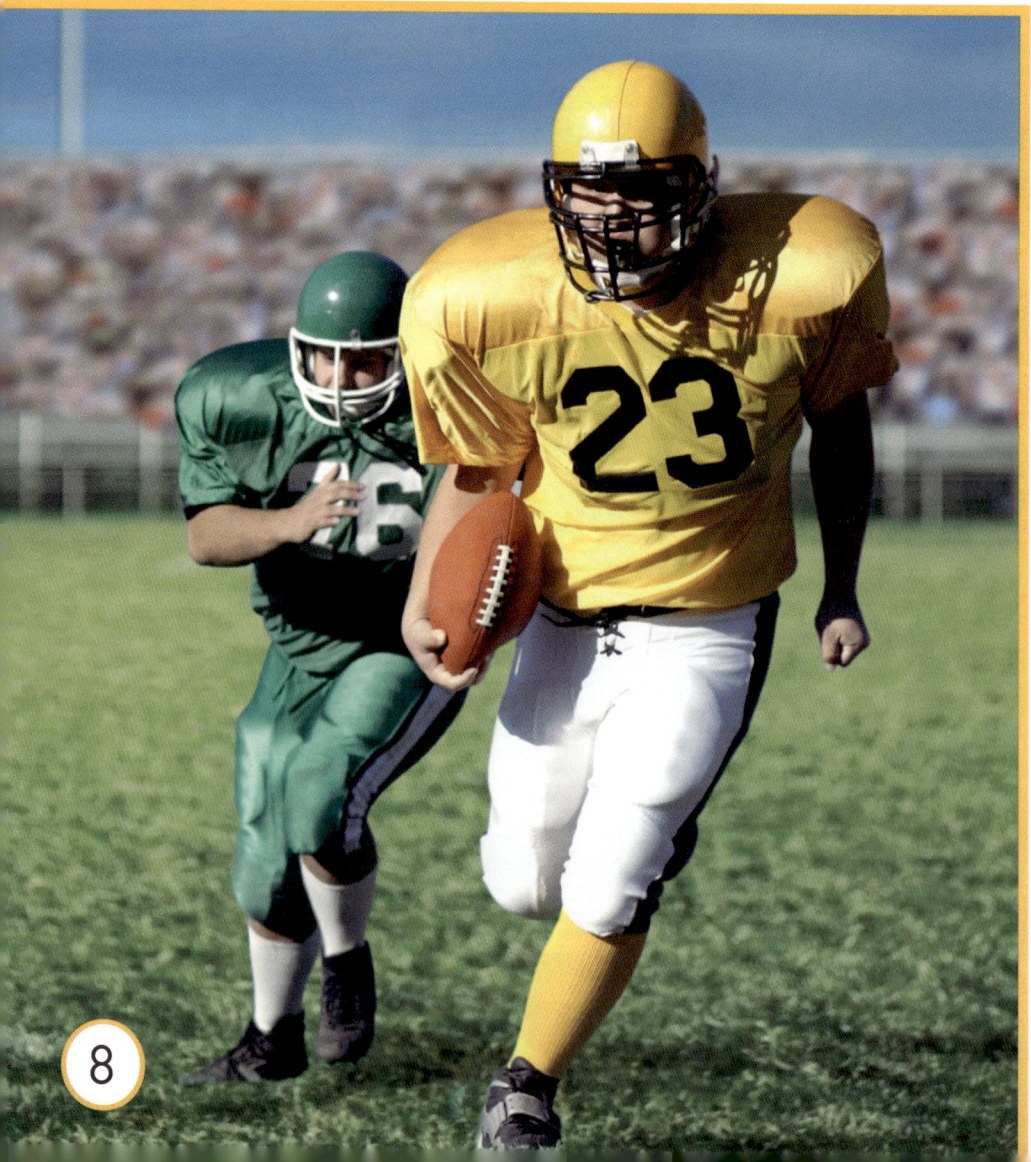

Reacción del lector

Leamos juntos

1. ¿Qué cosas pueden hacer los atletas de este libro?

2. ¿Qué talentos necesitan estos atletas para ser los mejores en sus deportes?

3. ¿Cuál es tu deporte favorito? ¿Por qué?

Librito de conceptos básicos

Género	Concepto
No ficción	Único en su tipo

Pearson Scott Foresman Calle de la Lectura 3.4.1

Scott Foresman
is an imprint of

PEARSON

ISBN-13: 978-0-328-47561-2
ISBN-10:   0-328-47561-0

9 780328 475612

90000 >